L'AUTEUR SOI-DISANT,

COMÉDIE

EN UN ACTE ET EN VERS;

Par M. Georges DUVAL.

Représentée, pour la première fois, sur le théâtre de la porte Saint-Martin, le 30 aout 1806.

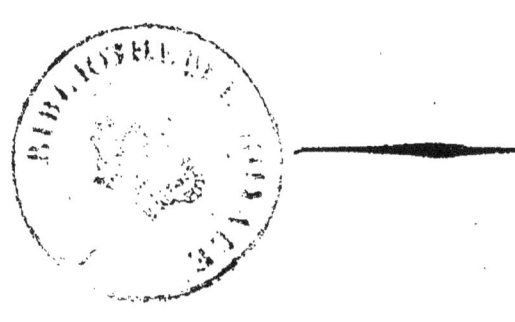

A PARIS,

Chez BARBA, Libraire, palais du Tribunat, derrière le Théâtre Français, n°. 51.

1806.

PERSONNAGES.	ACTEURS
M. DISTIVEAU, procureur.	M. *Fusil.*
ROSALIE, sa fille.	Mlle. *Adèle.*
DOLIGNY, amant de Rosalie.	M. *Guénée.*
St-PHAR, intrigant.	M. *Philippe.*
DUBOIS, valet de Distiveau.	M. *Bourdais.*
LACAZE, imprimeur-libraire.	M. *Odry.*
DEUX PLAIDEURS.	{ M. *Parisot.* { M. *Sévin.*

La scène est à Paris.

L'AUTEUR
SOI-DISANT.

*Le théâtre représente le cabinet de Distiveau;
un bureau sur lequel des papiers et des livres;
une bibliothèque pleine de livres et de cartons.*

SCENE PREMIERE.
DUBOIS, DEUX PLAIDEURS.

DUBOIS.

Eh! de grace, messieurs, par ordre, procédons :
L'un après l'autre, ici, contez-moi vos raisons.
Vous, monsieur Dumanceau?

Ier. PLAIDEUR.

Je veux, sans plus attendre,
Que l'on ait aujourd'hui la bonté de me rendre
Les pièces d'un procès commencé l'an dernier,
Et dont je n'ai depuis...

DUBOIS.

Voici votre dossier;
On ne l'a pas ouvert.

Ier. PLAIDEUR.

Grand merci de la peine.

IIe. PLAIDEUR.

Je me suis présenté dix fois cette semaine,
Pour consulter monsieur...

DUBOIS.

Vous reviendrez demain ;
Aujourd'hui, nous avons à finir un quatrain.
Partez...

(*Ils sortent tous deux.*)

SCENE II.

DUBOIS, St.-PHAR.

DUBOIS.

Allons, morbleu, cela va bien, courage.

St.-PHAR.

Dubois a de l'humeur ?

DUBOIS.

Ma foi, c'est que j'enrage
De voir ce qui se passe au logis maintenant.

St.-PHAR.

Ah ! ça, mon cher Dubois, c'est donc bien affligeant ?

DUBOIS.

Quand de notre voisin l'étude est toujours pleine,
Nous ne minutons pas deux rôles par semaine ;
Nous sommes sans plaider, quinze jours quelquefois,
Et nous faisons juger deux référés par mois.
On obtient contre nous tous les matins, je gage,
Douze ou quinze défauts, et même davantage.
Nous perdons en instance aussi bien qu'en appel,
Nous perdons au civil tout comme au criminel,
Et nous voilà réduits à fermer la boutique.

St.-PHAR.

Mais tu connais au mieux les termes de pratique.

DUBOIS.

Il le faut bien, c'est moi qui tiens tête aux clients.

St.-PHAR.

Distiveau n'a-t-il pas chez lui ses jeunes gens ?

DUBOIS.

Tous ensemble, un beau jour, sans tambour ni trompette,
Fatigués de ses vers, ils ont fait maison nette.
Pour le consoler, moi, de leur désertion,
Des affaires, alors, je pris l'inspection ;
Et, depuis ce temps-là, plein de sollicitude,
Gouvernant l'anti-chambre, et dirigeant l'étude,
Le soir à la maison, le matin au palais,
Tantôt je suis son clerc, et tantôt son laquais.

St.-Phar.

Ta conduite, mon cher, est vraiment admirable.

Dubois.

Je le crois; mais sous peu je donne tout au diable.

St.-Phar.

Et pourquoi donc?

Dubois.

Mes soins deviennent superflus.
Tous nos livres de droit, nos dossiers disparus,
A Gresset, à Bernard, abandonnent la place;
Il ne jure à présent que par Tibulle, Horace.
Si, par hasard, encore il se montre au barreau,
Pour faire une requête, il emporte Boileau.
Une autre fois, s'il plaide une importante affaire,
Il cite pour Cujas, ou Racine, ou Voltaire;
Il revient au logis, rentre en son cabinet,
Il fait une chanson, ou compose un sonnet,
S'inquiétant bien moins dans l'ardeur qui l'anime,
De gagner un procès, que de perdre une rime.

St.-Phar.

Comment donc? mais cet homme est auteur né vraiment.

Dubois.

S'il le croit, c'est à vous qu'on le doit franchement.
Autrefois renommé parmi les plus habiles,
Au milieu des cartons coulant des jours tranquilles,
Il veillait avec soin au bien de ses clients,
Et se faisait payer largement ses dépens.
Vous venez, lui trouvez un talent agréable,
Et voilà que notre homme, inspiré par le diable,
A rimer sans esprit, passe tous les matins,
Ne rêve tous les soirs que couplets et quatrains,
Se moque des railleurs, et brave la critique,
Pâlit à son bureau deux jours sur un distique,
Reçoit en murmurant les plus sages avis,
Recherche les flatteurs, évite ses amis;
Et ce qui plus encore, à juste droit m'allarme,
L'argent pour lui, monsieur, l'argent n'a plus de charme;
A ce dernier trait-là, je vois avec douleur,

Qu'il n'est plus fait du tout pour être procureur.

St.-Phar.

Il n'en manquera pas pour cela, je t'assure ;
Assez d'autres suivront cette carrière obscure,
Assez d'autres pourront ruiner des plaideurs,
S'enrichir de leurs biens, et rire de leurs pleurs ;
Mais s'écarter gaîment de la route commune,
Mais voler à la gloire en quittant la fortune ;
Perdre tranquillement chaque jour vingt procès,
Se consoler du tout en faisant des couplets,
Voilà, morbleu, voilà le cachet du génie.

Dubois.

Ou la marque plutôt d'une insigne folie.

St.-Phar.

Tu le traites, mon cher, un peu trop lestement ;
Car, enfin, il possède un fort joli talent,
Il fait des vers par fois vraiment inconcevables.

Dubois.

Vous avez vos raisons pour les trouver aimables.

St.-Phar.

Ils le sont en effet.

Dubois.

Moi, je tiens pour certain,
Qu'ils vous semblent meilleurs quand vous buvez son vin.

St.-Phar.

Chez un homme à talent, quand on fait bonne chère,
Est bien sot, par ma foi, qui ne cherche à lui plaire.

Dubois.

Vous vous en aquittez, vous, admirablement.

St.-Phar.

Si je le flatte un peu, crois-bien qu'il me le rend ;
Sur cet article-là, je suis son redevable.
J'ai composé moi seul un ouvrage passable,
Dont il dit force bien, qu'il vante à tout moment.

Dubois.

Un ouvrage à vous seul ! Mais ordinairement,
Combien d'auteurs faut-il ?

St.-PHAR.
　　　　　Pour le plus mince ouvrage,
On se met cinq à six, quelquefois davantage.
L'un arrange le plan et donne le sujet ;
Une autre fait la prose, un autre le couplet ;
Et tous, à même gloire, ayant droit de prétendre,
On est assez souvent tout étonné d'entendre,
A la fin de la pièce, annoncer plus d'auteurs
Qu'on n'a, pour la jouer, vu paraître d'acteurs.
　　　　　DUBOIS.
La vôtre a, j'en conviens, alors double mérite.
　　　　　St.-PHAR.
Pour la lire ton maître à ses repas m'invite,
Et moi...
　　　　　DUBOIS.
　　Si vous aimez la table du patron,
Avertissez-le donc de changer de façon,
Ou je le vois privé de sa fortune entière.
　　　　　St.-PHAR.
Arrêter ce géant dans sa noble carrière !
Non, certes, et je veux que d'un pas sans égal,
Il arrive bientôt...
　　　　　DUBOIS.
　　Tout droit à l'hôpital.

SCENE III.

Les précédens, DISTIVEAU.

DISTIVEAU, *un papier à la main.*
Enfin, grâces au ciel, me voilà sur la route,
Et puisqu'il n'est, dit-on, qu'un premier pas qui coûte,
De tous côtés sur moi les honneurs vont pleuvoir.
　　　　　St.-PHAR.
Chacun, depuis long-temps, avait pu le prévoir.
　　　　　DISTIVEAU.
Ma peine est dignement enfin récompensée.
De Bourges en Berry, le célèbre Musée,
Enchanté de mes vers, tant latins que français,

Daigne m'associer à ses lointains succès,
Et voici mon diplôme aux armes de la ville.

DUBOIS.

Ce que c'est, voyez-vous, que d'être un homme habile.

DISTIVEAU.

Demain, si je le veux, j'entre à celui de Pau,
Je préside à mon choix celui de Montereau,
Et ceux de Pithiviers, d'Agen ou de Toulouse.

DUBOIS.

De votre gloire ici la fortune jalouse
Pourrait-vous susciter de méchans embarras.
Samedi l'on obtint, et vous n'y songez pas,
Contre nous, en instance, arrêt contradictoire,
Et ce matin on va le rendre exécutoire,
Si...

DISTIVEAU.

Ma dernière épreuve aurait dû m'arriver.

SCENE IV.

LES PRÉCÉDENS, LACAZE.

LACAZE.

Je suis, mon cher monsieur, ravi de vous trouver,
Et j'ai force raisons : mais l'une des premières,
C'est que, rétablissant l'ordre dans mes affaires,
Pour y mieux parvenir, j'ai, depuis quelque temps,
Pris soin de m'occuper de mes recouvrements.
Vous êtes le meilleur de mes auteurs, j'espère;
J'ai depuis quatre mois, en très-beau caractère,
Imprimé pour vous seul...

DISTIVEAU.

        Avant tout, dites-moi,
L'ouvrage qu'avant-hier vous reçutes, pourquoi
Mettez-vous si long-temps à le faire paraître?

LACAZE.

Mais je ne l'ai pas vu.

DISTIVEAU, *à Dubois.*

        C'est donc toi, double traître!

Toi, dont la négligence et l'inattention,
Comprommettent ainsi ma réputation?

DUBOIS.

Eh! monsieur, produisez l'avenir qu'on demande,
Vous en obtiendrez une et meilleure et plus grande.

DISTIVEAU.

Voyez donc l'imbécile! a-t-on jamais été,
Avec un avenir, à la postérité!

St.-PHAR.

Non, mais avec ces vers charmants et pleins de grace
Qui vous fixent un rang au sommet du Parnasse.

LACAZE.

Monsieur, j'attends...

DISTIVEAU.

C'est juste, il ne serait pas bien
Que ce brave homme ici fut arrivé pour rien,
Et je vais lui donner...

LACAZE.

La somme n'est pas forte.

DISTIVEAU.

Mon chef-d'œuvre nouveau, que je veux qu'il emporte,
Le choix en est heureux.

St.-PHAR.

C'est un de vos talents,
Que de savoir placer à propos vos enfants.

DISTIVEAU.

Celui-ci, dont un autre aurait l'âme bien vaine,
Doit, des Saints-Innocents, embellir la fontaine.
J'étais, en le créant, inspiré tout-à-fait,
Et mes vers ne sont pas indignes du sujet.

(*A Lacaze.*)

Je m'en flatte, du moins. Et vous, à cette table,
Ecrivez promptement cet ouvrage admirable.

(*A Dubois.*)

Je vais en même temps composer un placet,
Qu'il te faut emporter sitôt qu'il sera fait.

(*Distiveau s'assied à une table, Lacaze à une autre.*)

L'Auteur Soi-disant. B

DISTIVEAU, *dictant*..

« Fontaine illustre et claire autant que l'Hippocrène.
(*Ecrivant.*)
« A messieurs d'instance,
» Dans une cause claire...

LACAZE.

» Autant que l'Hippocrène,

DISTIVEAU, *dictant.*

» Qui, dans ce beau marché, coules pour les passants.
(*Ecrivant.*)
» Qu'il vous plaise, messieurs, écouter...

LACAZE.

» Les passants,

DISTIVEAU, *dictant.*

» Qui, dans ce beau marché, coules pour les passants,
» Qu'à tes eaux, les auteurs, abjurant toute haine,
» Vivent ensemble entre eux comme des innocents. »

ST.-PHAR.

Joliment saccadé !

DISTIVEAU.

Je crois qu'ils sont ronflants.
(*Ecrivant.*)
» Sans quoi, vous jugerez....

LACAZE.

» Comme des innocents. »

Après.

DISTIVEAU.

Eh ! mais, parbleu, j'ai terminé la phrase.
Emportez, imprimez, mon cher monsieur Lacaze.
(*à Dubois.*)
Toi, Dubois, vas porter ce placet à l'instant,
Et puis, tu remettras au journal, en passant,
Le double de ces vers.

DUBOIS.

Oui, monsieur, si j'y pense.
Le procès avant tout ; il est d'une importance...

DISTIVEAU.

Donne, pour accorder ma gloire et ton procès,

La requête au journal, et les vers au palais.
A propos, que ma fille, à descendre, s'apprête.

DUBOIS.

Je lui dirai, monsieur. (*il sort.*)

SCENE V.

LES PRÉCÉDENS, excepté DUBOIS.

LACAZE.

Pensez à ma requête.

DISTIVEAU.

De mes œuvres encor n'avez-vous rien vendu,
Que vous me demandez ?...

LACAZE.

Le bon goût est perdu.
Malgré tous mes efforts, je n'ai pu me défaire,
Jusqu'à présent, monsieur, du premier exemplaire.

ST.-PHAR.

Combien doit vous flatter un pareil abandon !
Lorsqu'on voit des écrits, sans rime et sans raison,
Obtenir en tous lieux une vogue complette,
Parer chaque boudoir, orner chaque toilette,
Pour vos aimables vers, il serait trop honteux
Qu'on parût un moment vouloir s'occuper d'eux,
Et quand, de les trouver, maint sot lecteur évite,
C'est un hommage alors qu'il rend à leur mérite.

LACAZE.

Mais mon comptoir, à moi, serait toujours désert
Sans l'Almanach de Liége et le Petit Albert ;
On laisse Bossuet, Pascal et Labruyère,
De Vautour j'ai vendu le dernier exemplaire ;
On ne m'achète pas un Racine en deux ans,
Es l'on a dévoré l'Almanach des Gourmands.

DISTIVEAU.

Partez et revenez avec votre mémoire,
Mon épreuve surtout. (*Lacaze sort.*)

SCENE VI.

DISTIVEAU, St.-PHAR.

DISTIVEAU.

D'honneur, je ne puis croire
Que le goût du public à ce point soit changé.

St.-PHAR.

Avec éclat bientôt vous en serez vengé.

DISTIVEAU.

Comment ?

St.-PHAR.

Lorsqu'on verra vos quatrains magnifiques,
Gravés en lettres d'or briller sur nos portiques,
Que chacun malgré soi les lira dans Paris,
Nous laisserons jaser messieurs les beaux esprits

DISTIVEAU.

Quoi ! vous avez l'espoir ?

St.-PHAR.

J'en ai la certitude.

DISTIVEAU.

Comme on sera surpris que du fonds d'une étude,
Du milieu d'un fratras de papiers tout poudreux...

St.-PHAR.

Il soit sorti des vers aussi délicieux.

DISTIVEAU.

Déjà le Panthéon, le Luxembourg, la Ville,
Ont reçu les tributs de ma muse fertile.
Maintenant, mon ami, ce sont les hôpitaux
Que je vais enrichir de distiques nouveaux :
J'en ai pour la Pitié composé d'admirables,
Depuis cinq à six jours je tiens les Incurables,
Et je serai bientôt aux Petites-Maisons.

St.-PHAR.

Oui, faites-en, morbleu, de toutes les façons.
Laissez-là, croyez-moi, l'épitre et la satyre,
De Rousseau, de Pindare abandonnez la lyre,
Et marchez d'un pas ferme avec rapidité,
De distique en distique à l'immortalité.

DISTIVEAU.

Sur les quais, sur les ponts, à chaque coin de rue,
J'en veux mettre partout.

St.-PHAR.

Quelle sublime vue !

DISTIVEAU.

J'indiquerai l'auteur, le nom du monument,
De sorte qu'on pourra, tout en se promenant,
A l'aide de mes vers gravés dans la mémoire,
Sans sortir de Paris, faire son cours d'histoire.

St.-PHAR.

Comme on vous saura gré de ces attentions !

DISTIVEAU.

J'irai plus loin encor, et des inscriptions,
Remplacerai moi seul l'ancienne Académie.

St.-PHAR.

Vous en êtes capable avec votre génie.
Quel dommage pourtant qu'en un indigne oubli,
Ce talent fût resté toujours enseveli !

DISTIVEAU.

Il y serait encor sans votre complaisance :
Aussi vous en aurez bientôt la récompense.

St.-PHAR.

Ce prix inestimable est au-dessus, vraiment...

DISTIVEAU.

Je sais ce que je fais. Ne croyez pas pourtant
Que pour ce motif seul je vous nomme mon gendre.
Le second, je le dis à qui veut bien l'entendre,
C'est votre comédie : oh ! j'en suis enchanté ;
Dialogue pétillant d'esprit et de gaîté,
Comique de bon ton, portraits d'après nature,
Intérêt soutenu, morale douce et pure.
Oh ! déjà le succès est facile à prévoir.

St.-PHAR.

Je ne puis me flatter d'un aussi doux espoir.
Réussir à présent n'est pas chose facile ;
Et chaque jour on voit l'auteur le plus habile

Recueillir pour tout prix des efforts qu'il a faits,
L'arrêt de son trépas au milieu des sifflets.

DISTIVEAU.

Quand l'ouvrage est mauvais, l'auteur s'y doit attendre.

St.-PHAR.

On en juge plus d'un quelquefois sans l'entendre.

DISTIVEAU.

A ce compte vraiment le public aurait tort.

St.-PHAR.

Oui, mais quand le public se trouve le moins fort.

DISTIVEAU.

De grâce, expliquez-moi ce que vous voulez dire?

St.-PHAR.

Je vais en peu de mots sur ce point vous instruire.
Il est, pour le repos des malheureux auteurs,
Bon nombre assurément d'honnêtes spectateurs,
Qui, toujours étrangers au bruit, à la cabale,
Ecoutent avec calme et jugent sans scandale,
Songeant combien l'ouvrage a coûté de travaux,
En faveur des beautés excusent les défauts,
Et quoique voyant tout avec un œil sévère,
Tiennent compte des soins qu'on a mis à leur plaire.
Mais il se trouve aussi de jeunes imprudents,
Plus étourdis encor, plus légers que méchants,
Qui, d'un vers hasardé, sur-le-champ font un crime,
Se fâchent pour un mot, sifflent pour une rime,
Empêchent le public et l'acteur de parler.
En vain à l'indulgence on veut les rappeller;
L'intérêt du bon goût, qu'ils pensent qu'on outrage,
A redoubler d'efforts, malgré tout, les engage.
Le champ leur reste enfin, et ces preux chevaliers,
Sur leur tête, l'un l'autre, entassant des lauriers,
Dans un café voisin, tout rayonnants de gloire,
Vont, le punch à la main, célébrer leur victoire.

DISTIVEAU.

Tenez, mon cher St.-Phar, vrai langage d'auteur.
On vous juge toujours avec trop de rigueur,

Et quand vous éprouvez quelque désavantage,
La faute est au public, jamais à votre ouvrage ;
Mais, croyez-moi, d'ailleurs, soit chûte, soit succès,
Vous épousez ma fille ; oh ! je vous le promets.

SCENE VII.

Les précédens, ROSALIE.

DISTIVEAU.

La voici justement. N'est-ce pas, Rosalie,
N'est-ce pas, mon enfant, que tu seras ravie
De combler aujourd'hui mon espoir le plus doux,
En acceptant ici monsieur pour ton époux.

ROSALIE.

Plus d'une fois, mon père, eut des preuves, je pense,
De ma soumission, de mon obéissance.
Sans le moindre murmure, et sans aucun regret...

DISTIVEAU.

Parbleu, j'étais bien sûr qu'elle y consentirait.

ST.-PHAR, *à Rosalie.*

Un autre, cependant, jadis a su vous plaire,
Et je crains...

DISTIVEAU.

Allons donc, un mince caractère,
Qui pour les vers affiche un mépris souverain,
Et rirait, j'en suis sûr, de mon dernier quatrain,
Viendrait effrontément me soutenir en face,
Qu'au lieu de m'exposer à cheoir sur le Parnasse,
Il vaudrait beaucoup mieux fréquenter le palais,
Et faire un bon factum que deux méchants couplets ;
Un vrai fou qui jamais ne deviendra mon gendre.

ST.-PHAR.

Auprès de mes acteurs; moi, je vais donc me rendre,
Et les solliciter de faire promptement
Le public assemblé, juge de mon talent.
Après quoi, devenu l'époux de votre fille,
A qui plus donnera de lustre à la famille,
Tous deux, cher Distiveau, nous nous disputerons,

A l'envi chaque jour tous deux nous rimerons,
Et quand je serai, moi, l'ornement de la scène,
Vous, à plus larges trais, puisant à l'Hippocrène,
Fatiguant chaque jour nos murs de vos exploits,
Vous ferez proclamer votre nom sur les toîts.
Adieu, mademoiselle; auprès de votre père,
Auprès de vous bientôt je reviendrai, j'espère. (*il sort.*)

SCENE VIII.

DISTIVEAU, ROSALIE.

DISTIVEAU.

Que tu seras heureuse avec un tel mari !

ROSALIE.

S'il dépendait de moi d'oublier Doligny !

DISTIVEAU.

Tu songerais encor...

ROSALIE.

Plus que jamais, mon père.
Il eut, vous le savez, ma tendresse première ;
Elevé dès l'enfance avec moi sous vos yeux,
Dès l'enfance pour moi s'allumèrent ses feux.
Vous fûtes le témoin de sa passion naissante,
Vous l'approuvâtes même, et votre ame indulgente,
Long-temps, avec plaisir, observa chaque jour
Les rapides progrès de son ardent amour ;
Bien assuré qu'alors sa flamme était sincère,
Convaincu qu'à son tour il avait su me plaire,
Vous permîtes enfin qu'il m'adressât ses vœux.
D'un heureux avenir nous nous flattons tous deux,
Nous nous croyons au terme de notre constance,
Nous allons obtenir enfin la récompense :
Un intrigant paraît, et, jugez ma douleur,
Ce qu'on dût à l'amant, on le donne au flatteur.

DESTIVEAU, *sans l'écouter.*

En vérité, j'ai peur de ne point assez faire
Pour un homme empressé de la sorte à me plaire,
Qui va mettre à ma gloire enfin le dernier sceau.

Pour mes yeux, en effet, quel sublime tableau,
Quand mes vers, tapissant la moitié de nos rues,
Les passants, à l'envi, m'élèveront aux nues !
« De qui les jolis vers placés là, dans ce coin?
» — De monsieur Distiveau. — Ces deux autres plus loin?
» — De monsieur Distiveau.—C'est un homme admirable !
» Tant d'esprit à lui seul, d'honneur c'est incroyable !
» Un peu plus loin encor vous verrez du plus beau. »
Et toujours, et partout c'est monsieur Distiveau.
D'un si bel avenir, moi, je jouis d'avance.
De Doligny d'ailleurs l'inconcevable absence...

ROSALIE.

Mais depuis son départ, vingt lettres ont appris
Le motif qui le tient éloigné de Paris ;
Vous savez qu'un procès intenté par malice,
Lui fait, des tribunaux, reclamer la justice
Depuis plus de six mois, et que d'un prompt retour,
Sa dernière réponse a flatté mon amour.

SCENE VIII.
DISTIVEAU, ROSALIE, DOLIGNY.

DISTIVEAU.

Le voilà.

ROSALIE.

Que disais-je ?

DOLIGNY.

Oui, belle Rosalie,
De mes juges Normands, je suis très-satisfait,
Et l'affaire est pour moi terminée à souhait.
De retour à la fin d'un fatigant voyage,
Je viens ici, monsieur, vous offrir mon hommage,
Et reclamer...

DISTIVEAU.

Déjà.

DOLIGNY.

Mais à ce que je voi,
Le temps ne vous a pas semblé long comme à moi.

L'Auteur Soi-disant. C

ROSALIE.

Oh! moi, je l'ai trouvé d'une lenteur extrême.
Et mon père sans doute en a jugé de même,
A son gré votre absence a duré bien long-temps.

DOLIGNY.

Que vous connaissez peu les plaideurs Bas-Normands,
Et leur esprit adroit en chicane fertile !
Vous savez que mon oncle en mourant à Tourville,
Aux termes de la loi me laissait tout son bien ;
Moi je crus que d'abord il deviendrait le mien.
Mais, arrivé la-bas, ce fut une autre affaire :
Dans chacun des valets je trouve un légataire,
Et dans chaque voisin je trouve un héritier.
Il m'a fallu plaider presque un an tout entier,
Avant que d'obtenir sur eux quelque avantage.
Je me suis fait enfin adjuger l'héritage ;
Et près de vous alors j'ai hâté mon retour,
Suivi de la fortune et guidé par l'amour.

ROSALIE.

Son retard, vous voyez, n'a rien que d'excusable,
Et je savais bien, moi, qu'il était incapable
De rester éloigné de chez nous si long-temps,
Sans être retenu par des motifs puissants ;
Il vient, rempli pour moi de la même tendresse,
Réclamer près de vous votre ancienne promesse ;
Il vient solliciter le nom de mon époux :
Tromperez-vous, mon père, un espoir aussi doux.
A ce point voudrez-vous affliger Rosalie,
Et faire le malheur du reste de sa vie.

DOLIGNY.

Mais, moi, je n'entends rien, d'honneur, à tout ceci :
De ce mystère enfin, quand serai-je éclairci ?

ROSALIE.

En ce jour, Doligny, je me vois condamnée
A former un hymen...

DISTIVEAU.

Ma parole est donnée.

ROSALIE.

Oui, mais de Doligny l'inespéré retour,
De Doligny qui vient guidé par son amour...

DISTIVEAU.

Si tu savais quel sort à mes vers on prépare !

DOLIGNY.

Vos vers !

DISTIVEAU.

Tout comme un autre. Est-ce donc chose rare ?

DOLIGNY.

Je reste sur ma vie, étonné, confondu.
Ah ça ! mais le bon sens, vous l'avez donc perdu ?

DISTIVEAU.

Serait-ce à votre avis un signe de folie,
De cultiver en paix, d'aimer la poésie ?

DOLIGNY.

Quand on n'a rien à faire, et qu'on a du talent,
On peut bien se permettre un tel amusement.
Encor faut-il au moins avoir quelque génie,
De la facilité.

DISTIVEAU.

Croyez, je vous supplie,
Qu'on possède, monsieur, l'un et l'autre à la fois,
Quand on fait aisément quatre cents vers par mois ;
On peut mettre au défi l'auteur le plus habile.

DOLIGNY.

Oh ! vous êtes sans doute un homme très-fertile.
Je vous crois cependant né pour d'autres succès.
Bornez donc votre gloire aux salles du palais :
Servez à l'orphelin, à la veuve de guide ;
C'est moins brillant peut-être, oui, mais c'est plus solide.

ROSALIE.

Daignez suivre, mon père, un avis si prudent.

DISTIVEAU.

Mais dans tous les états, chacun rime à présent,
Ma fille. Le tailleur s'adonne à l'élégie,
Le perruquier du coin écrit la tragédie,
Pour Aglaé l'huissier griffonne des couplets,

Et le greffier s'amuse à faire des sonnets ;
Enfin le tapissier lâche des épigrammes,
L'épicier des romans, et le mercier des drames.

DOLIGNY.

Oh ! des fous à Paris le nombre est étonnant.

DISTIVEAU.

De Marseille à Colmar vous en verrez autant,
Et, dans toute la France, il n'est pas cette année,
Il n'est pas un hameau qui n'ait son athénée.

DOLIGNY.

C'est possible ; mais vous, vous devriez rougir
De suivre le torrent...

DISTIVEAU, *ironiquement.*

Et ne pas consentir
Qu'à vos yeux aujourd'hui la main de Rosalie...

ROSALIE.

Fut le prix d'une adroite et lâche flatterie.

DISTIVEAU.

Pour trouver mes vers bons, sachez qu'il n'en faut pas,
Et, quoique mon jeune homme en fasse très-grand cas,
Je veux bien cependant, ma fille, vous apprendre
Que peut-être jamais il n'eut été mon gendre,
S'il n'était pas auteur d'un ouvrage charmant
Que l'on doit au public donner incessamment.

DOLIGNY.

Mais voyez donc un peu l'étonnante merveille,
Je puis, quand je voudrai, vous offrir la pareille.

DISTIVEAU.

Allons, vous plaisantez.

DOLIGNY.

Je parle tout de bon.

DISTIVEAU.

Vous seriez auteur, vous ?

DOLIGNY.

Et parbleu, pourquoi non ?

DISTIVEAU.

Vous qui dites partout que l'on est sans excuses,

Quand, pour se consacrer au doux culte des muses,
A d'ennuyeux devoirs on dérobe son temps,
Trouvez qu'il est des soins beaucoup plus importants,
Et voyez en pitié la moderne folie,
Des nombreux possédés de la Métromanie,
Vous seriez avec vous aussi peu conséquent.

DOLIGNY.

De grace, permettez, le cas est différent.
Loin d'ici, poursuivant une éternelle affaire,
Sans livres, sans amis, il fallait me distraire.
J'ai fait un premier vers, j'en ai fait un après,
Et, sans m'embarrasser autrement du succès,
Jusqu'au bout j'ai conduit ma pièce toute entière.
Or, je ne prétends rien changer à ma manière,
Parce que je me trouve une fois seulement
Auteur par circonstance et par désœuvrement.
Croyez bien au surplus que l'accès de folie
Est passé tout-à-fait.

DISTIVEAU.

Et bien, moi, je parie
Que tout ceci, mon cher, est simplement un jeu.
Non, vous n'avez jamais senti ce noble feu
Qui sait, du vrai poète au fonds pénétrer l'ame;
Vous êtes étranger à la céleste flamme,
Qu'à ses favoris seuls communique Apollon.
Tenez, moi, par exemple, et j'ai quelque raison
De vouloir me citer en cette circonstance;
Pour mes vers montrerai-je autant d'indifférence,
Et ferais-je sur-tout le maladroit aveu,
Que de leur sort futur je m'embarrasse peu.
Prendrais-je, comme vous, pour accès de folie,
Cette inspiration, cet élan du génie
Qui vous subjugue, qui... je le dis savamment,
Quand on donne une fois l'essor à son talent,
Rien ne peut l'arrêter dans sa course indocile,
Et qui fit un seul vers, en fera cinq cents mille.

DOLIGNY.

Que voulez-vous, monsieur, j'ai peu d'ambition,

Et pourvu que ma pièce, en cette occasion,
Puisse au moins me servir....

DISTIVEAU.

Je commence à comprendre,
Vous vous êtes flatté que, de mon futur gendre,
Vous prendriez ici la place à ce moyen.
Mais, faisons un marché.

DOLIGNY.

Parbleu, je le veux bien.

DISTIVEAU.

Si c'est de votre part une plaisanterie,
Promettez que, gaîment, vous verrez Rosalie
Prendre mon protégé demain pour époux.

ROSALIE.

Oui, mais que Doligny soit assuré par vous,
S'il dit la vérité, comme moi je le pense,
A mérite pareil, d'avoir la préférence.

DISTIVEAU.

J'y consens, et je crois ne pas risquer beaucoup,
Mais il faudra prouver...

SCENE IX.

Les précédens, DUBOIS.

DUBOIS.

Oh ! monsieur, pour le coup
Je ne veux retourner au palais de ma vie,
Pour m'exposer encor à pareille avanie.
Les juges m'ont traité, mais traité de façon
Que, pour vous, j'en mourrais de honte.

DISTIVEAU.

Tout de bon ?

ROSALIE.

Ce début a de quoi nous étonner sans doute.

DUBOIS.

De vous affliger tous, malgré ce qu'il m'en coûte,
Je poursuis. Tantôt donc je gagne le palais,
Pour faire interjeter appel d'un grand procès,

Que nous venions de perdre à la première instance.
Je donne ma requête, et bonnement je pense
Que les juges s'en vont l'appointer à l'instant.
Que vois-je? Aux premiers mots bientôt la rejetant,
Furieux, étonné, le président s'écrie :
« A Distiveau qu'on donne un brevet de folie,
» Et qu'il n'ose jamais reparaître au barreau. »
Je prends votre requête alors sur le bureau,
De vous la rapporter aussitôt je m'empresse,
Et voilà le brevet remis à son adresse.

DISTIVEAU.

Voyons donc... Oh! ma foi le tour est bien plaisant.

DUBOIS.

Vous riez de cela?

ROSALIE, *prenant le papier.*
Permettez, un instant.

(*Elle lit.*)
» Dans une cause claire autant que l'Hippocrène,
» Qu'il vous plaise, messieurs, écouter les passants,
» Et veuillez bien de plus abjurer toute haine,
» Sans quoi vous jugerez comme des innocents. »
Et vous avez produit une pièce semblable?

DISTIVEAU.

Hélas! oui.

ROSALIE.

Je m'y perds.

DOLIGNY.

La chose est incroyable.

DISTIVEAU.

En aucune façon. Tantôt, en l'écrivant,
Je dictais un quatrain tout-à-fait important.
Or, moi, j'ai confondu les termes dans ma tête,
Et des vers du quatrain embelli ma requête.

DOLIGNY.

La cause est de combien?

DUBOIS.

De trois cents mille francs.

DOLIGNY.

Bon dieu !

DUBOIS.

Que nous perdons avec frais et dépens.

DISTIVEAU.

C'est, j'en dois convenir, assez désagréable.

DUBOIS.

Pour vous qui maintenant demeurez responsable.

DISTIVEAU.

Responsable, qui, moi ?

DUBOIS.

Vous même, assurément,
Car c'est par votre faute...

DISTIVEAU.

Il serait amusant
Qu'un honnête avoué répondit d'une affaire
Qu'il perd sans le vouloir. Je sais plus d'un confrère,
A ce compte, ma foi, qui, de tout son argent,
Dans un mois n'aurait pas un écu seulement.
Ce n'est pas au surplus cela qui m'embarrasse.
Dis-moi si, pour mes vers, il restait une place ?...

DUBOIS.

Au journal. Ma foi, non ; le rédacteur m'a dit
Que cela lui ferait perdre tout son crédit.
Il m'a chargé d'ailleurs de venir vous apprendre
Que quand vous chercheriez une maison à vendre,
Une berline anglaise, une bonne d'enfants,
De vieux vin de Bourgogne ou des chevaux Normands,
Vous le verriez toujours prêt à vous satisfaire,
Mais que de votre esprit il n'avait point affaire,
Vu que dans son journal il ne réservait plus
De place maintenant pour les effets perdus.

DISTIVEAU.

Le faquin ! je m'en vais le tancer d'importance.

ROSALIE.

J'ai peine à revenir de votre indifférence.
Aussi tranquillement laisser perdre...

DISTIVEAU.

Un quatrain,

Le plus joli peut-être échappé de ma main !
Dérober au public un fruit de mon génie !
Afin de me venger de cette perfidie,
Sur la fontaine même aujourd'hui je le fais
Afficher en latin, aussi bien qu'en français,
Je veux qu'on en imprime au moins cinquante mille,
Que l'on en distribue aux deux bouts de la ville,
Qu'on en fasse un envoi dans les départements,
Et que sur le Pont-Neuf on en donne aux passants.
C'est trop long-temps souffrir ma gloire renfermée
Dans un cercle borné ; j'ai soif de renommée,
Je la poursuivrai tant que je l'aurai, ma foi,
Et, fut-ce en se moquant, l'on parlera de moi.
Viens, ma fille, partons.

(il sort avec sa fille.)

SCENE X.
DOLIGNY, DUBOIS.

DOLIGNY.
  Cela tient du délire.

DUBOIS.
Au palais j'aurais dû moi-même le conduire,
Lui faire de nouveau présenter un placet,
Tâcher...

DOLIGNY.
  L'appel est donc rejeté ?

DUBOIS.
    Tout-à-fait.

DOLIGNY.
La cause se plaidait ?

DUBOIS.
  A la première instance.

DOLIGNY.
Ah ! juste ciel, pour nous l'heureuse circonstance !
Du premier président je suis intime ami.

DUBOIS.
Recommandez-nous donc fortement près de lui.

L'Auteur Soi-disant.   D

A votre rival, moi, je vais, avec adresse,
Faire de nos malheurs un tableau...

DOLIGNY.

Quel homme est-ce ?

DUBOIS.

Oh ! vous le connaîtrez. D'abord adroitement,
Il nous faudra savoir si lui-même est vraiment
Auteur et seul auteur de l'ouvrage sublime,
Qui de monsieur lui vaut et la fille et l'estime.

DOLIGNY.

Du contraire, aurais-tu par hasard le soupçon ?

DUBOIS.

Dans soixante, à-peu-près, je sais qu'il est en nom ;
Mais qu'on fasse sa part strictement dans chacune,
Je gage que du tout on n'en forme pas une.

DOLIGNY.

Est-ce chez lui paresse ou défaut de talent ?

DUBOIS.

Paresse ! oh ! qu'il n'a pas ce défaut-là, vraiment,
Personne plus que lui n'est actif au contraire.
On le trouve partout, il a partout affaire,
Et, sans mettre la main à la plume un instant,
Il termine par jour vingt pièces en courant.
D'aventure, apprend-il qu'un jeune auteur novice,
Se dispose en tremblant à parcourir la lice,
Il lui fait aussitôt offre de l'applanir,
Lui promet ses secours, le force à s'en servir,
Et quand le jeune athlète a gagné la victoire,
Mon rusé protecteur s'empare de sa gloire.
Insinuant d'ailleurs, aimable à tout égard,
Tel est votre rival, tel est monsieur St.-Phar.

DOLIGNY.

St.-Phar ! dis-tu, St.-Phar ? ma frayeur est extrême !

DUBOIS.

Vous le connaîtriez ?

DOLIGNY.

Et mais, c'est à lui-même

Que j'envoyai jadis un certain manuscrit,
Le priant de vouloir employer son crédit
Pour lui faire obtenir un accueil favorable.

DUBOIS.

Eh bien, donc, n'ai-je pas le coup d'œil admirable !
Et quand je soutenais qu'il se donnait l'honneur
D'un ouvrage nouveau dont il n'est pas l'auteur,
Devinais-je bien l'homme, et de son imposture
Avais-je bien jugé ?

DOLIGNY.
Mais rien encor n'assure...

DUBOIS.
Oui, sa pièce est la vôtre, et j'en fais le pari.

DOLIGNY.
La preuve ?

DUBOIS.
Eh mais ! tenez, lui-même, dieu merci,
Vient pour vous la donner ; je l'entends qui s'avance.
Mais, comme je pourrais gêner la confidence,
Je vous laisse avec lui.   (*Il sort.*)

SCENE XI.

DOLIGNY, St.-PHAR.

St.-PHAR, *sans voir Doligny.*
Ces messieurs, à la fin,
Répéteront pourtant mon ouvrage demain.
Ils en semblent contents, et chacun d'eux me montre
L'intérêt... Doligny ! la maudite rencontre !

DOLIGNY.
On ne m'a pas trompé, c'est lui-même, vraiment,
Le hasard est heureux.

St.-PHAR.
Très-heureux sûrement :
Croyez bien, cher ami, que je m'en félicite.
Vous êtes revenu pourtant un peu plus vite,
A vous dire le vrai, que je ne l'aurais cru.

DOLIGNY, *à part.*
Peut-être même aussi que tu n'aurais voulu.

St.-PHAR, *à part.*

Ma foi, brusquons l'aveu sans tarder davantage.

DOLIGNY.

Au surplus, me voilà. Parlez-moi de l'ouvrage...

St.-PHAR.

Chut.

DOLIGNY.

Mais comment donc....

St.-PHAR.

Paix.

DOLIGNY.

Cependant...

St.-PHAR.

Entre nous,
Chacun doit ignorer ici qu'il est de vous.

DOLIGNY.

Et quelle est la raison d'un semblable mystère ?

St.-PHAR.

Dites un mot, je manque une superbe affaire,
Qui, depuis plus d'un an, ménagée avec art,
Se termine à la fin dans huit jours au plus tard.

DOLIGNY, *à part.*
(*Haut.*)

J'arrive à temps. Eh mais, de quel prix mon silence
Peut-il être pour vous en cette circonstance ?

St.-PHAR.

D'un très-grand, et je dois vous en faire l'aveu.
Le maître de céans est un vrai Francaleu,
Pour les muses épris d'une ardeur incroyable,
Qui me fait l'amitié de m'admettre à sa table...

DOLIGNY.

Après ?

St.-PHAR.

J'y vis sa fille, et j'en fus amoureux.
Dix-huit ans, faite au tour, et les plus jolis yeux,
Air modeste, teint frais, dix mille francs de rente,
Sa personne, vous dis-je, en tout point est charmante.

DOLIGNY.

Au fait ?

St.-PHAR.

Dans mon esprit je cherchais le moyen
D'obtenir à-la-fois sa fortune et sa main,
Quand, fort heureusement, je reçus votre ouvrage ;
Notre homme tout d'abord lui donna son suffrage,
Et le croyant de moi, dans son ravissement,
Promit de me nommer son gendre incessamment.
Dissiper son erreur, sotte délicatesse !
J'aurais fait mon malheur, celui de ma maîtresse.
Je n'hésitai donc pas à m'en nommer l'auteur,
Espérant, mon ami, de votre excellent cœur,
Que vous pardonneriez une ruse innocente,
Qui va me rendre époux d'une femme charmante.

DOLIGNY.

L'intrigue est jusques-là conduite adroitement ;
Mais vous deviez prévoir que certain incident
Arrêterait tout court la marche de la pièce.

St.-PHAR.

J'en avais à craindre un, cela, je le confesse ;
Mais vous allez m'aider, et, j'en sors triomphant.

DOLIGNY.

Un autre. Supposons qu'aux vœux d'un jeune amant,
Votre belle jadis ait paru favorable,
Et qu'ici tout-à-coup cet amant redoutable
Vint à se présenter ?

St.-PHAR.

   Il n'aurait pas beau jeu ;
Le père n'en veut plus, la fille y songe peu.

DOLIGNY.

On vous a donc instruit ?...

St.-PHAR.

   C'est un pauvre génie.

DOLIGNY.

Oui-dà ?

St.-PHAR.

Qui n'a pas fait un seul vers de sa vie,
Et n'aurait en ces lieux avancé son retour
Que pour se voir ravir l'objet de son amour.

DOLIGNY.

Ma foi, de votre esprit, permettez qu'on vous loue,
A votre gré la pièce aisément se dénoue,
Et vous levez au mieux toute difficulté.
Si pourtant le jeune homme était un entêté,
Qui, se piquant au jeu de votre effronterie,
Ne voulût point entendre à quitter la partie,
Et vous étant resté jusqu'alors inconnu,
Fut ici tout exprès aujourd'hui revenu,
Pour vous forcer de rendre, à votre grand dommage,
A l'amant sa maîtresse, à l'auteur son ouvrage,
Et, mettant à profit un indiscret aveu,
Vous obligeât enfin à sortir de ce lieu...

St.-Phar, *à part.*

Quelle école ! c'est lui !

SCENE XII.

Les précédens, DUBOIS, LACAZE

LACAZE.

Je ne veux plus attendre,
Il me faut mon argent.

DUBOIS.

Mais daignez donc m'entendre.

LACAZE.

Pendant que Distiveau se querelle au journal,
Apprenez que pour lui les choses vont très-mal.
Un client ruiné par son étourderie,
Sur lui veut un recours, et le prend à partie.
On va décidément le chasser du barreau,
Et son nom dans une heure est rayé du tableau.

St.-Phar, *à part.*

Fâcheux évènement !

Doligny, *à part.*

S'il en est temps encore,
Courons le préserver d'un malheur qu'il ignore. (*il sort*

SCENE XIII.
St.-PHAR, DUBOIS, LACAZE.

LACAZE.

Au premier bruit connu de ces détails fâcheux,
Je me suis empressé d'accourir en ces lieux.
Ainsi qu'à me payer bien vite on se prépare,
Avant que de vos biens la justice s'empare.

DUBOIS.

Pour la bonne nouvelle ici que vous donnez,
Vous serez le dernier.

LACAZE.

Ah ! ah ! vous le prenez
Sur ce ton. Mais morbleu que l'on ne s'embarrasse,
Je vais chercher ses vers, je les mets en liasse.
Idylle, madrigal, sonnet, couplet, quatrain,
Je vends tout à la livre à l'épicier voisin. (*il sort.*)

SCENE XIV.
St.-PHAR, DUBOIS.

St.-PHAR.

Ce que nous dit cet homme, est-il donc véritable,
Et la perte en effet est-elle ?...

DUBOIS.

Irréparable,
Je ne puis le cacher.

St. PHAR.

Ce triste évènement
Arriva, ce me semble, un peu subitement.
Comment, en un seul jour ?...

DUBOIS.

Dites en moins d'une heure,

St.-PHAR.

Tout perdre !

DUBOIS.

Non, pas tout. Un ami nous demeure,

Qui, pénétré pour nous d'un vif attachement,
Ne nous quittait jamais avant cet accident,
Qui, par pur interêt, par amitié sincère,
En voulant notre gloire, a fait notre misère,
Et seule cause enfin d'un malheur si complet,
S'empressera bientôt d'en adoucir l'effet.

St.-PHAR.

Je le voudrais bien, mais sans fortune moi-même,
J'éprouve en ce moment une douleur extrême,
Mon ami, de n'avoir a donner désormais,
Au pauvre Distiveau, que d'impuissants regrets.

DUBOIS.

C'est fort bien. Ainsi donc l'aimable Rosalie...

St.-PHAR.

Je ne dois plus compter qu'elle me soit unie.

DUBOIS.

C'est là montrer un cœur tout-à-fait généreux.

St.-PHAR.

Apprenez, mons Dubois, à juger un peu mieux,
Du noble sentiment qui dans ce jour m'anime.
Le malheur dont ici Rosalie est victime,
Bien loin de m'engager à refuser sa main,
M'eut disposé plutôt à presser notre hymen.
Mais elle eut autrefois un amant digne d'elle :
Cet homme est mon ami, mon ami bien fidèle.
Il est dans ce pays aujourd'hui de retour,
Il y vient reclamer l'objet de son amour,
Et lorsque pour tous deux moi je me sacrifie,
Lorsque je me condamne aux regrets pour la vie,
On prend pour le calcul du plus vil intérêt,
De la tendre amitié l'héroïsme complet.

DUBOIS.

Quand mon maître...

St.-PHAR.

A présent, dis que je lui conseille
De commenter plutôt Barthole que Corneille.
De laisser reposer sa muse quelque temps,

À l'étude des lois de donner plus d'instants;
Dis lui bien qu'à sa table on rit de sa folie,
Et que bien dupe enfin est l'homme qui se fie
Aux éloges menteurs que savent lui donner
Les amis complaisants qui mangent son dîner.

DUBOIS.

Oui, monsieur, croyez bien aussi que ma maîtresse
Libre enfin, grace à vous d'écouter sa tendresse,
Et de se rendre aux vœux de son premier amant
Sentira tout le prix d'un trait aussi galant,
Et tenez-vous, monsieur, pour arrivé d'avance,
De toute son estime, et sa reconnaissance. (*il sort.*)

SCENE XV.

St. PHAR.

Pour sortir d'embarras vive les gens d'esprit !
On ne croit pas un mot de tout ce que j'ai dit,
Peut-être; mais qu'importe, on a l'air de le croire,
Et je ferai du moins ma retraite avec gloire.
Qu'il fait bien Doligny de venir m'enlever
Un bien que je ne puis ni ne veux conserver !
Abandonner la belle, aurait été bassesse,
Je la cède, et voilà de la délicatesse.
Il est bien dur pourtant de voir s'évanouir
Le rêve de bonheur que je croyais saisir,
D'avoir, depuis six mois avec tant de constance,
Prouvé mon intrépide et rare complaisance.
En corrigeant ici les vers les plus mauvais,
Que depuis feu Pradon sûrement on ait faits...

SCENE XVI.

DISTIVEAU, St.-PHAR, ROSALIE, DUBOIS.

DISTIVEAU.

J'ai plaidé bien long-temps, mais ma cause est gagnée,
Et mes vers paraîtront demain dans la journée.
Ah ça ! mon cher St.-Phar, à nous deux à présent.

L'auteur Soi-disant.   E

Je vais perdre, dit-on, aujourd'hui quelque argent,
Mais cela n'y fait rien. Quand vous serez mon gendre...

St.-Phar.

A ce bonheur, hélas! je ne dois plus prétendre.

Distiveau.

Vous ne le pouvez plus! et tout-à-l'heure encor,
Vous en êtiez ravi. Maintenant que le sort
S'apprête à me traiter d'une façon cruelle,
Que la fortune fuit, vous fuyez avec elle :
C'est pousser à l'excès la générosité.

Dubois.

Jamais reproche ici ne fut moins mérité.

St.-Phar.

Certes, et connaissez mon âme toute entière :
A Doligny je sais que votre fille est chère.
C'est mon ami, j'ai dû lui céder tous mes droits,
Et si vous l'honorez aussi de votre choix,
Mes vœux seront remplis.

Dubois.

    Vous venez de l'entendre.

Rosalie.

Jusqu'à présent j'ignore, et j'ai frayeur d'apprendre,
De quel funeste coup, nous sommes menacés.
J'imagine pourtant en deviner assez,
Pour voir jusqu'à quel point je vous suis redevable.
Oui, votre procédé, monsieur, est admirable,
Et sans considérer quel motif vous conduit,
Je me contenterai d'en recueillir le fruit.

Dubois..

Oh! dès qu'il a connu la funeste aventure
Qui nous vient d'arriver...

SCENE XVII.

Les précédens, DOLIGNY.

Doligny.

    Que chacun se rassure,

Tout-à-l'heure au palais je me suis présenté,
J'ai, pour vos intérêts, tellement disputé,
Que l'on a consenti d'admettre la requête,
Dans le jour cependant. Je l'avais toute prête,
Je la donne aussitôt; les moyens ont valu,
Et fort heureusement l'appel est obtenu.

St.-Phar, *à part.*

Juste ciel!

Rosalie.

Il nous rend au bonheur, à la vie.

Dubois, *à St.-Phar.*

On ne prévoit pas tout.

Doligny.

La main de Rosalie
Me sera-t-elle encor refusée à présent?

Rosalie.

Mais à vous l'accorder, si mon père consent,
Rendez grace à monsieur.

St.-Phar, *avec humeur.*

Qui, moi, je l'en dispense.
(*Se reprenant.*)
Un beau trait avec lui porte sa récompense,
(*A part.*)
J'enrage, mais qu'y faire! oh! si je l'avais su?

Doligny.

Ce cher St.-Phar est donc à la fin convenu?...

Distiveau.

Et de quoi?

Doligny, *à St.-Phar.*

Vous avez annoncé que l'ouvrage...

St.-Phar, *à part.*

Empêchons qu'il en dise à présent davantage.
(*Haut.*)
De moi, mes bons amis, vous vous ressouviendrez
Quelquefois, n'est-ce pas, quelquefois vous direz :
Ce malheureux St.-Phar, il aimait Rosalie :
Son père avait voulu qu'elle lui fut unie;
Quelques moments de plus il était son époux,

De sa félicité, quand le destin jaloux,
Lui fit naître un rival digne de son estime.
De son devoir alors il se rendit victime,
Et surmontant l'amour encor maître de lui,
Refusa d'être heureux du malheur d'un ami.

(*il sort.*)

DOLIGNY.

De ma pièce à présent vous n'avez plus affaire,
Vous me la renverrez au plutôt, je l'espère.

SCENE XVIII ET DERNIERE.

DISTIVEAU, DOLIGNY, ROZALIE, DUBOIS.

DISTIVEAU.

Votre pièce ?

DOLIGNY.

Elle allait paraître sous son nom.

DISTIVEAU.

Quoi ! ce charmant ouvrage...

DOLIGNY.

Est le mien.

DISTIVEAU.

Tout de bon ?

DOLIGNY.

Et St.-Phar n'en était que le dépositaire.
C'est pour ne pas donner les détails de l'affaire
Que de nous il a pris congé si brusquement.

ROSALIE, *à son père.*

Oh ! la condition est remplie à présent
Et vous ne pouvez pas vous empêcher, j'espère...

DISTIVEAU, *à Doligny.*

Et bien, soit, j'y consens, embrasse ton beau-père.
Aussi bien dois-je tout à tes soins obligeants,
Et je deviens enfin plus sage à mes dépens.
Séduit par une vile et lâche flatterie,
Aux Muses trop long-temps je consacrai ma vie.
Mais d'une folle erreur tout de bon revenu,
Je prétends réparer le temps que j'ai perdu,

Et je m'en vais, changeant de goût et de méthode,
Méditer, compiler, le digeste et le code,
Feuilleter Daguesseau, Denisart et Bacon,
Étudier Démosthène, et lire Cicéron.
Le sort en est jeté. Mais pourtant je confesse
Qu'avant de m'éloigner pour toujours du Permesse,
J'aurais, mes bons amis, été du moins flatté
De léguer un distique à la postérité.

FIN.

On trouve chez le même Libraire,

La Famille Luceval, ou Mémoires d'une jeune Femme qui n'était pas jolie, 4 vol. in-12, par Pigault-Lebrun. 7 l. 50 c.
Théâtre de Pigault, 6 vol. in-12. 12 l.
Souvenirs d'un Voyage en Livonie, à Rome et à Naples, par Auguste Kotzebue, 4 gros vol. in-12. 12 l.
Le Cuisinier Impérial, ou l'Art de faire la Cuisine pour toutes les fortunes, avec différentes Recettes d'Offices et de Fruits confits, et la manière de servir une table depuis vingt jusqu'à soixante couverts, etc. Un gros vol. in-8°. 6 l.
Contes Moraux pour l'instruction de la jeunesse, par madame le Prince-de-Baumont, extraits de ses ouvrages, et publiés pour la première fois en forme de recueil. 3 vol. in-12. 5 l.
Instructions de la Jeunesse, ou Notions élémentaires sur la Langue Française, la Géographie, la Mythologie, l'Histoire Grecque et Romaine, et l'Histoire de France. 2 vol. in-12. 3 l. 60 c.
Heur et Malheur, suivis de quelques Soirées historiques, par l'auteur du Nouveau Diable Boiteux, et des Fêtes et Courtisannes de la Grèce. 2 vol. in-12. 3 l. 60 c.
Romans de Pigaut-Lebrun. 30 vol. in-12. 55 l.
Chapelle et Bachaumont, vaudeville anecdotique en un acte, par MM. Georges Duval et Vieillard. 1 l. 20 c.
L'auteur soi-disant, comédie en un acte et en vers, par M. Georges Duval. 1 l. 20 c.
Hortense, ou l'école des inconstans, vaudeville en 2 actes et en prose, par M. de St.-Félix. 1 l. 20 c.
Madame Scarron, vaudeville en un acte, par MM. Désaugier et Servière. 1 l. 20 c.
Les Maris garçons, opéra en un acte, de Nanteuil. 1 l. 25 c.
Les Chevilles de Maître Adam, menuisier de Nevers, ou les Poètes Artisans, Comédie en un acte et en prose, mêlée de Vaudevilles, par MM. Francis et Moreau. Seconde édition, corrigée et augmentée. 1 l. 20 c.
M. des Chalumeaux, ou la Soirée de Carnaval, opéra-bouffon, en trois actes, par M. Auguste. 1 l. 20 c.
Le Pont du diable, en trois actes, de Hapdé. 1 l. 20 c.
Le Testament de l'Oncle, en trois actes, en vers, par Charlemagne. 1 l. 50 c.
Ma Tante Urlurette, vaudeville. 1 l. 20 c.
Agnès Sorel, en 3 actes, de Bouilly et Dupaty. 1 l. 50 c.
Les Dejeûners de Garçons, opéra en 1 acte, par M. Auguste. 1 l. 20 c.
La nuit d'Auberge, vaudeville, de Moreau. 1 l. 20 c.
La Fille de la Nature, com. en 3 act. de Caigniez. 1 l. 20 c.
Voltaire chez Ninon, comédie vaudevilles en un acte de MM. Moreau et Lafortelle. 1 l. 20 c.

www.ingramcontent.com/pod-product-compliance
Lightning Source LLC
Chambersburg PA
CBHW060511050426
42451CB00009B/933